Docteure Nicole Audet

La magie de l'empathie

Théorie et pratique

Préface de Ruth Vachon
Présidente-directrice générale

RFAQ
Réseau des femmes
d'affaires du Québec

LES ÉDITIONS
Dre Nicole

© 2019 Docteure Nicole Audet pour les Éditions Dre Nicole
Tous droits réservés
Dépôt légal : 3e trimestre 2019
    Bibliothèque et Archives nationales du Québec
    Bibliothèque et Archives Canada

ISBN (Couverture souple) 978-1-989041-83-3
ISBN (Couverture rigide) 978-1-989041-88-8
ISBN (MOBI) 978-1-989041-84-0
ISBN (PDF) 978-1-989041-85-7
ISBN (EPUB) 978-1-989041-86-4
ISBN (Audiobook) 978-1-989041-87-1

Ce livre est disponible en version anglaise sous le titre :
The Magic of Empathy (Theory and Practice)

Photographie de l'auteure : Emmanuèle Garnier,
Le Médecin du Québec
Graphisme : Italique
Éditeur : Éditions Dre Nicole
Auteure : Dre Nicole Audet
Correction linguistique : Agence littéraire Trait d'union
Correction d'épreuves : Agence littéraire Trait d'union
Illustration de la couverture : AdobeStock (Aliaksandra)
Illustrations des pages intérieures : AdobeStock
    (p. 12 : BadBrother, p. 46 : ZYTA.eM, p. 84 : lembergvector)

Imprimé au Canada

NicoleAudet.com et DrNicoleBook.com

L'auteure de ce livre vous invite à écrire une critique sur les sites de
distributeurs électroniques de livres (nicole@nicoleaudet.com).

Deux histoires de ce présent livre, « Le test des larmes » et
« Complices du dernier souffle », ont été publiées en versions plus
longues dans le livre *Bouillon de poulet pour l'âme des Québécois*,
Béliveau éditeur, 2012.

Remerciements

J e remercie mon conjoint Sylvain Boulanger et mon agente littéraire Danielle Hampson pour leur support et leurs commentaires pour améliorer la qualité de ce livre. Je remercie Elizabeth Triassi qui m'a encouragée à écrire ce livre.

Je remercie Ruth Vachon Présidente-directrice générale du Réseau des Femmes d'affaires du Québec qui a rédigé la préface de ce livre.

Table des matières

5

Bibliographie

*Livres récents publiés en versions papier
et/ou numériques et/ou livres audio*

2017 **SÉRIE FÉLIX ET BOUBOU** Éditions Dre Nicole

- Des biscuits pour Gabriel (Allergies)
- Léa a mal au cœur (Gastro-entérite)
- Charles s'est blessé en jouant (Bras cassé)
- Félix au musée du corps humain (Corps humain)
- Joëlle va chez le docteur (Vaccination)
- Joëlle se gratte la tête (Poux)
- Lucas a mal aux oreilles (Otites)
- Sabrina a des boutons (Varicelle)

2017 **SÉRIE FELIX AND BOOBOO** Dr. Nicole Publishing

- Special Food for Sam (Allergies)
- Lea Does Not Feel Well (Gastroenteritis)
- Charles Hurt Himself Playing (Broken Arm)
- Felix Is Curious About His Body (Human Body)
- Maya Visits Her Doctor (Vaccination),
- Maya' Head Is Itching (Lice)
- Lucas Has an Earache (Otitis)
- Amy Has a Rash (Chikenpox)

2016 **PARENTS FOR SALE** Audiobook RavenPheat Production

2015 **PARENTS FOR SALE** AuthorHouse

2015 **VENTE DE PARENTS** Boomerang éditeur jeunesse

2015 **ARE YOU EATING MY LUNCH?/MANGES-TU MON LUNCH?** AuthorHouse

2015 **STRIKE AT CHARLES' FARM/GRÈVE À LA FERME DE CHARLES** AuthorHouse

2012 **VOTRE GUIDE SANTÉ INFO** Guy Saint-Jean éditeur

Prix littéraires

- Classic Literary Award
- Mom's Choice Award
- Readers' Favorite Gold and Bronze Medal
- Story Monster Approved
- 50 Great Writers You Should Be Reading

Pour la liste complète des publications et des prix de l'auteure, consultez son site Internet www.NicoleAudet.com

Préface

RUTH VACHON, présidente et directrice générale
du Réseau des femmes d'affaires du Québec

D ans la vie privée comme au travail, le temps file entre nos doigts. Pendant que nos enfants grandissent, nos parents et amis vieillissent. Avec les réseaux sociaux, nous recevons des tonnes de nouvelles de tout un chacun. Nous les voyons passer sous notre fil avant d'avoir le temps d'échanger en profondeur. Avec ces nouveaux modes « d'échanges », notre écoute en prend un coup ! Je crois qu'il est grand temps de valoriser aussi l'écoute, car nous en avons grandement besoin.

L'autre jour, je discutais avec une connaissance. Sa vie a littéralement basculé en l'espace d'un été où son mari, atteint d'un cancer, l'a quittée. Sa mère est décédée, son chien est parti et ses enfants la préoccupaient. Elle est arrivée chez moi à un moment où je devais terminer une tâche rapidement. Mon premier réflexe a été de couper court. Je l'ai finalement écoutée pendant une heure.

D'une question à l'autre, d'une larme à l'autre... j'ai pris conscience de son parcours de combattante et des défis qu'elle doit encore relever au quotidien. Au moment de partir, elle me dit : « T'es tellement fine… merci d'avoir pris le temps de m'écouter, je vais revoir tout ça d'un autre angle. Notre conversation m'a enlevé un poids énorme, tu ne peux pas savoir. »

Cette conversation m'a permis d'apprendre autant qu'elle a pu être bénéfique pour cette dame. Depuis ce jour, je suis une meilleure oreille pour ceux qui m'entourent. Même si ma vie se déroule à 100 km/h, je dois rester attentive, garder l'œil ouvert à ceux qui ont besoin de moi et, surtout, garder mon « cœur ouvert » aux autres. Malgré les tourbillons du quotidien, je veux prendre le temps d'échanger sincèrement et de profiter de ces moments précieux qui ne passent qu'une fois.

Nicole Audet, fidèle membre du Réseau des Femmes d'affaires du Québec, nous offre dans ce livre des outils pour mettre en pratique cette parole authentique et cette écoute empathique. Merci Nicole d'enrichir notre quotidien, une conversation à la fois.

Citations

« Si vous parlez, vous n'écoutez pas. »
Bouddha

**« La plupart des gens n'écoutent pas
avec l'intention de comprendre ;
ils écoutent avec l'intention de répondre. »**
Stephen R. Covey (leader américain)

**« Nous avons deux oreilles et une bouche,
c'est pour écouter deux fois plus
qu'on parle. »**
Zeno of Citium (philosophe grec)

**« Parler est un besoin,
écouter est un talent. »**
Goethe

**« Lorsque j'écoute les gens parler,
tout ce que j'entends,
c'est ce qu'ils ne disent pas. »**
Bob Dylan (chanteur et poète)

L'empathie est un choix.

Introduction

J e me souviens très bien du jour où j'ai passé mon entrevue pour être admise à la faculté de médecine. Je n'avais que quelques minutes pour convaincre mon interviewer que je méritais une place dans la faculté la plus convoitée de l'Université.

Pour atteindre mon objectif, je me suis préparée longtemps à l'avance. J'ai analysé le programme d'étude, demandé à des étudiants le genre de questions qu'on me poserait et répété avec mon père. Il m'avait dit d'imaginer mon succès et de bien dormir la veille de l'entrevue. Ses sages paroles sont restées marquées dans ma mémoire : « À compétence égale, seules les attitudes positives font la différence. »

Je suis arrivée à l'entrevue bien habillée, calme et souriante. Je me souviens que la docteure qui me posait des questions était la première femme diplômée en médecine de la province de Québec. Je le savais grâce à ma préparation. En silence, je l'admirais, je voulais devenir comme elle. Je me sentais en présence de mon idole. J'imagine qu'elle le ressentit sans que je lui dise. Je me suis sentie écoutée et respectée tout au long de notre entrevue.

L'entrevue d'une quinzaine de minutes se déroula exactement comme je l'avais préparée. Je ne me rappelle d'aucun mot prononcé au cours de ces moments. Toutefois, j'en ressens encore toute la magie qui a changé le parcours de ma vie. Quelques semaines plus tard, je reçus par la poste une lettre m'offrant une place à cette faculté de médecine. Imaginez ma joie! Toutefois, le destin m'amena à accepter une deuxième offre d'une université concurrente.

Plus de 40 ans ont passé depuis cette entrevue où j'ai dû littéralement me vendre à cette inconnue. Aujourd'hui, je sais que j'ai réussi, car j'ai parlé avec mon cœur, je me suis préparée en choisissant les mots pour me faire comprendre. Depuis, j'ai eu depuis des milliers d'occasions d'améliorer mes compétences en communication empathique, autant pour parler que pour écouter. J'avoue que cet apprentissage fut long et ardu pour moi, mais, à force de persévérance, je peux témoigner que la pratique de ces compétences m'a aidée à mieux me comprendre et à me rendre disponible pour aider les autres.

Aujourd'hui, je désire dévoiler les secrets et la magie de la communication interpersonnelle empathique. Parler pour être compris et écouter pour comprendre sont les deux compétences qui ont le pouvoir de changer le parcours de toute personne qui les maîtrise. Pour saupoudrer nos échanges d'empathie, on doit analyser les émotions de l'autre, les accueillir sans jugement et les faire évoluer pour lui faire vivre une expérience inoubliable. À l'inverse pour attirer l'empathie, il convient de parler avec authenticité et accepter d'évoluer au contact de l'autre.

Au delà de cette belle théorie, devenir médecin fut pour moi un défi aux multiples obstacles. J'ai vécu bien des moments difficiles que j'ai choisi d'enfouir à l'intérieur de moi, espérant les oublier. Au cours de mes contacts avec mes patients, mes collègues ou les membres de ma famille, je n'ai pas toujours eu le temps de les écouter avec empathie. Aujourd'hui, je comprends que, par moments, je les écoutais avec la ferme intention de faire comprendre mon point de vue et de changer le leur. Imaginez mes frustrations, mes démons me rongeaient et personne ne changeait autour de moi !

Insatisfaite, je voulais changer le cours de ma vie et avoir plus de plaisir à exercer mon métier. Pour y arriver, j'ai dû accepter de faire un exercice d'introspection avec la collaboration d'un professionnel. J'ai dû apprendre à parler pour être comprise. Ainsi, j'ai fait tomber mes barrières une à une pour avancer.

Enfin, j'ai développé mes compétences en écoute empathique. Sans trop de frais, je peux dire que ma vie a changé. Je pense avoir aidé plusieurs de mes patients et d'autres personnes me côtoyant, à mieux se comprendre et à agir sur leur parcours de vie, et ce, à leur rythme.

En peaufinant mes nouvelles compétences, j'ai vécu des situations gagnantes et aussi quelques échecs que je vous raconterai dans la deuxième partie de ce livre. Par contre, comme la majorité d'entre nous tous, parfois pressée, préoccupée ou absente mentalement, il m'est arrivé de rencontrer des patients sans prendre le temps de les écouter. Ces derniers sortaient frustrés de mon bureau, allant jusqu'à se plaindre de mes services. J'avais toujours de bonnes excuses pour me justifier, mais au fond de moi, je savais que la qualité de ma communication avait été déficiente.

J'ai parfois souffert du manque d'écoute de mes patrons, de mes collègues et de mes fournisseurs. J'en suis venue à la conclusion que j'avais besoin d'une aide professionnelle pour mieux me comprendre et bâtir une confiance en soi. Je devais trouver ma voix qui me rendrait unique comme médecin de famille. Après mes rencontres avec mes thérapeutes, je me sentais bien. Je savais que j'avais des devoirs d'introspection à faire pour m'améliorer. Malgré la complexité du défi, j'ai pris plaisir à le faire.

> **TOUTES CES ANNÉES M'ONT APPRIS QUE PARLER POUR SE FAIRE COMPRENDRE ET ÉCOUTER POUR COMPRENDRE AVEC SON CŒUR SONT LES DEUX COMPÉTENCES FONDAMENTALES DES GENS QUI EXERCENT UNE INFLUENCE POSITIVE SUR LEUR ENTOURAGE.**

Il est relativement facile de trouver des livres, des discours ou des sites internet sur le thème de l'écoute empathique. Par contre, il est difficile de trouver des ressources pour apprendre à parler avec son cœur pour être compris. Mon livre tente de combler ce vide.

Il est loisible de se demander pourquoi est-ce si rare de rencontrer des gens qui démontrent autant d'habileté à se confier qu'à écouter. Pensez à un moment de vie où parler avec votre cœur vous aurait fait du bien. N'avez-vous pas une petite voix intérieure freinant de crainte d'être jugé par les autres ? Les préjugés, le manque d'argent ou le manque de ressources limitent bien des gens à se confier à des professionnels ou simplement à des personnes chères.

Analysons un autre facteur responsable de l'évolution des communications qui ont mené à l'isolement des individus. De nos jours, la plupart des gens maîtrisent les technologies qui ont radicalement modifié nos modes de communication. Pour s'en convaincre, imaginez-vous pour quelques instants au début des années 1970. À cette époque, personne n'avait de téléphone cellulaire, quelques chanceux avaient un baladeur avec des écouteurs et seuls les gens bien nantis possédaient un téléviseur couleur. Les repas se prenaient en famille, souvent nombreuse, autour de la table. Ça jasait parfois fort et ça communiquait en grand.

De nos jours, les nouvelles technologies ont envahi nos vies. Même les enfants du primaire possèdent un cellulaire, communiquent via leur page Facebook et passent des heures à jouer sur des jeux électroniques parfois très violents. De plus, certaines études démontrent que la moitié des logements de certaines capitales sont occupés par une personne seule, créant des problèmes de solitude très importants. Ces changements ont eu un impact sur la qualité des communications entre les gens et dans les familles.

Est-il possible de nos jours pour le commun des mortels de goûter à la magie de la communication empathique ? Certainement, mais il faut d'abord apprendre à se connaître en profondeur pour ensuite s'ouvrir à ceux qui nous entourent. Rassurez-vous, la maîtrise de la compétence de la communication empathique n'est pas réservée qu'aux psychologues et travailleurs sociaux. Tous les parents, professeurs et gestionnaires gagneraient à développer cette compétence.

J'ai écrit ce livre pour tous ceux qui veulent revenir aux sources et percer les secrets d'une communication enrichissante dans un contexte de discussion entre deux personnes. À travers des données scientifiques, des exemples, des références et des exercices, vous apprendrez à parler pour être compris et à écouter pour comprendre, et ce, avec authenticité. Ces compétences de base ont toutes les chances d'influencer positivement le cours de votre vie, celles de vos proches ou de vos subalternes. C'est pratiquement magique !

En théorie

Empathie et sympathie

Avant d'aller plus loin, il convient de bien définir les concepts d'empathie et de sympathie. Pour éviter la confusion, il importe de bien faire la différence entre ces concepts de base.

Au cours d'une communication empathique, l'écoute est active, positive, sans jugement ni tentative d'influencer la pensée de l'autre. Il va sans dire que la manipulation n'a pas sa place dans la communication empathique.

Le communicateur empathique peut reconnaître l'émotion de son interlocuteur, la nommer, l'accueillir et la faire évoluer pour le bien-être de son interlocuteur. En d'autres mots, il a la capacité de se mettre dans les souliers de son interlocuteur et lui offre son écoute sans perdre sa propre identité ni obligatoirement approuver le contenu des idées de son interlocuteur. On peut dire qu'il agit comme catalyseur pour aider son interlocuteur à trouver une solution à ses problèmes.

D'autre part, la sympathie implique une fusion des émotions. En plus de reconnaître les émotions de l'autre, vous la ressentez comme lui. Cette fusion n'aide pas un individu à progresser vers la résolution de ses problèmes.

Certes, il se sentira bien appuyé, par contre, la sympathie risque d'évoluer vers la pitié inutile et, jusqu'à un certain point nuisible.

La communication empathique a pour base un contenu émotif qui évolue au fil du dialogue. Le communicateur travaille par étapes. Tout d'abord, il s'applique à percevoir les émotions. Une fois qu'il les a ressenties, il les identifie (joie, colère, déception). Une fois ces premières étapes franchies, il débute son travail d'investigation pour comprendre les motivations profondes de son interlocuteur. Pour y arriver, il posera des questions ouvertes et laissera son interlocuteur s'expliquer et découvrir ses motivations. Évidemment, cette étape est exempte de jugement, d'abus de pouvoir ou de manipulation. Enfin, il peut aider son interlocuteur à travailler pour faire évoluer ses émotions. Par exemple, entre les mains habiles d'un communicateur, un individu en colère peut évoluer vers des émotions plus calmes et même devenir créatif pour résoudre ses problèmes.

Figure 1 *Les émotions au cours d'une conversation empathique*

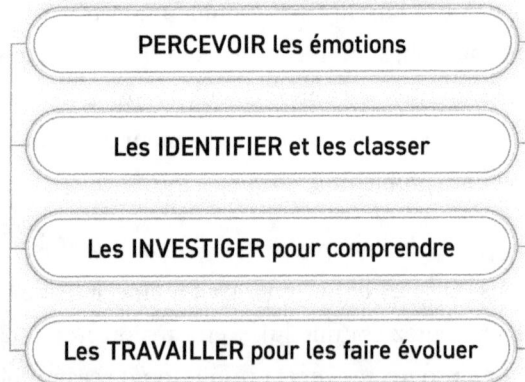

PERCEVOIR les émotions

Les IDENTIFIER et les classer

Les INVESTIGER pour comprendre

Les TRAVAILLER pour les faire évoluer

> LA SYMPATHIE CONSOLE,
> L'EMPATHIE FAIT GRANDIR.

MISE EN GARDE

Si vous avez du pouvoir ou de l'autorité, réel ou perçu, sur votre interlocuteur (parent, patron ou professeur), je vous recommande de redoubler de prudence dans vos efforts d'exercer une communication empathique avec vos subalternes. Que vous le vouliez ou non, votre position hiérarchique influencera le déroulement de la communication. Il suffit d'en être conscient et de ne pas tenter de le nier ou d'en faire abstraction.

Les émotions

Une des tâches du communicateur empathique est de percevoir, de nommer et de comprendre les émotions.

Voici une liste sommaire des émotions classées en deux catégories dites positives ou négatives. Personnellement, je trouve cette classification un peu arbitraire, car, au fil d'une conversation, il est courant de vivre une gamme d'émotions. Je préfère renommer cette classification en émotions joyeuses et d'autres à travailler pour les faire évoluer vers des émotions plus agréables.

D'autant plus qu'une colère bien canalisée peut s'avérer très positive pour avancer et mener vers des émotions plus efficaces pour régler des problèmes. Par exemple, lors d'un deuil, la négation se vit souvent avant la colère pour faire place à la reconstruction.

Les émotions sont comme les maladies infectieuses; elles sont hautement contagieuses. Pour vous en convaincre, regardez un film humoristique en famille, en quelques minutes tout le monde rira de bon cœur et ce peu importe la complexité de leur quotidien. À l'inverse, imaginez un beau frère qui pique une colère lors d'un repas de famille, vous conviendrez que l'atmosphère en subira les conséquences. Certains l'accuseront d'avoir gâché le party. Sachant ce principe, souriez le plus souvent possible. Vous mettrez vos interlocuteurs à l'aise pour poursuivre la conversation.

Je donne à mes patients un truc pour apprendre à gérer leurs émotions. Pour éviter de réagir trop rapidement, je leur conseille de prendre une pause et d'accueillir leur colère en lui disant : «Je sais que tu veux que j'explose, mais je refuse de le faire maintenant. Prenons rendez-vous ce soir et nous règlerons notre problème entre nous.» Les patients qui adoptent cette habitude améliorent leur relation avec les autres. Dans un deuxième temps, je leur conseille de tenir un journal de leurs émotions. L'écriture est un puissant outil thérapeutique.

Tableau 1 *Les émotions*

Émotions joyeuses	Émotions à travailler
Amour	Colère
Joie	Tristesse
Espoir	Désespoir
Euphorie	Surprise
Jouissance	Haine
	Peur
	Honte
	Envie
	Dégout
	Négation

> **LES ÉMOTIONS SE VIVENT AVEC LE CŒUR ET SE GÈRENT AVEC LA RAISON.**

23

> **LES ÉMOTIONS SONT AUSSI CONTAGIEUSES QUE LA GRIPPE.**

Parler versus écouter

Saviez-vous que le débit d'un discours est un des facteurs qui influence la capacité d'être compris par un interlocuteur moyen?

Prenons quelques exemples :

1. Le débit moyen de la parole normale est d'environ 150 mots minutes.

2. Un communicateur crédible dans son domaine qui a préparé son discours parle plus lentement. S'il a un débit entre 120 à 140 mots minutes et qu'il choisit des phrases courtes en utilisant un vocabulaire facile et ciblé, tout en répétant souvent le message choisi, il augmente considérablement ses chances d'être compris.

Prenons pour exemple le président Obama. Ses trois mots :

« *Yes, we can.* »

restent dans la mémoire de tous ses admirateurs. Pour vous en convaincre, analyser ses discours. Il parle lentement, utilise un vocabulaire accessible à tous, et maîtrise l'art du silence et des pauses qui ont pour effet de marteler le message à passer. Ce président charismatique et crédible répète son unique message au moins six ou sept fois au cours d'un discours qui n'a pas besoin de s'éterniser. Le président français Jacques Chirac avait un débit verbal de 100 mots minute très lent. À ce rythme, l'auditoire risque de s'endormir.

3. À un autre extrême de débit oratoire, les reporters à la radio peuvent parler jusqu'à 200 voire 230 mots par minute en raison de contrainte de temps. Ce débit réduit leur capacité d'être bien compris de tous, à moins que l'on soit captivé par le sujet.

La communication fonctionne lorsqu'un individu parle et qu'un second écoute. Nous avons vu que le premier doit parler avec un certain débit. Mais qu'en est-il de la personne qui écoute ?

Il semble qu'un cerveau en santé aurait la capacité d'interpréter plus de 500 mots par minute dans une langue qu'il maîtrise. L'inconscient, laissé à lui-même, comble le vide entre le débit qu'il entend et celui qu'il imagine à une vitesse de près 250 mots par minute, et plus rapidement s'il n'écoute pas. Avec un discours intérieur aussi rapide, il n'est pas surprenant que l'écouteur se déconcentre ou s'endort, à moins d'être captivé par le sujet ou le contenu de la communication. En conséquence, sans réelle intention d'écouter, l'individu écoute avec la volonté de répondre. Il prépare sa contre-attaque pendant la réplique de son interlocuteur. Imaginez une chicane de couple. Il ne peut y avoir de dialogue ; deux personnes parlent en même temps sans aucune forme d'écoute.

Ces simples faits expliquent pourquoi il est si complexe de parler pour se faire comprendre ou d'écouter pour comprendre. Pour y arriver, il faut pratiquer, essayer, analyser nos échecs et recommencer.

25

Pour atteindre le niveau de profondeur requis pour qualifier une communication d'empathique, il faut y ajouter l'engagement, l'authenticité et le désir réel de faire évoluer positivement la relation. Ce genre de communication suppose habituellement une charge émotionnelle chez les personnes impliquées.

Entendre versus écouter

Dans le *tableau 2*, la différence entre entendre et écouter est expliquée. Pour entendre un son, celui-ci doit faire vibrer les osselets derrière le tympan pour ensuite voyager à travers le nerf auditif et se rendre dans une aire du cerveau qui entend le son. Ce dernier pour être interprété ou compris doit être décodé grâce à un processus d'analyse. Par exemple, si vous entendez des touristes parler dans une langue que vous ignorez, vous les entendez. Par contre, vous ne les comprenez pas, car vous ignorez le code pour interpréter les sons entendus.

Tableau 2 *Entendre versus écouter*

Entendre	Écouter
Involontaire	Volontaire
Sons se rendent au cerveau par le système nerveux	Cerveau interprète, donne un sens
Vous entendez	Vous comprenez

Pour illustrer ce concept, prenons l'exemple du jeu du téléphone. Dans ce jeu, un premier joueur chuchote une phrase de son choix à l'oreille de son voisin. Ce dernier chuchote à son voisin ce qu'il a entendu et ainsi de suite jusqu'au dernier joueur qui répète à voix haute ce qu'il a entendu. Plus le nombre de joueurs augmente, plus l'écart entre le premier message et le dernier augmente. Il s'est produit une déformation du message. Pourtant, chaque joueur pense avoir répété fidèlement ce qu'il a entendu.

Dans ce jeu, malgré une intention réelle d'écouter, le message se déforme d'un individu à l'autre.

L'issu de ce jeu devrait tous nous convaincre que diffuser un message et écouter un message sont des tâches complexes qui impliquent des compétences de haut niveau. La bonne nouvelle est qu'avec une bonne volonté, ces compétences s'acquièrent.

Plus loin, nous verrons comment mettre en pratique ces notions plus théoriques.

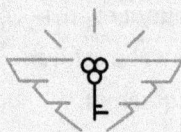

À RETENIR DE LA THÉORIE

1

Apprenez à reconnaître l'émotion de votre interlocuteur, à la nommer, à l'accueillir et à la faire évoluer pour l'aider à résoudre son problème.

2

Ajoutez de l'engagement, de l'authenticité et un désir réel de faire évoluer positivement la relation, afin d'atteindre le niveau de profondeur requis pour qualifier une communication d'empathique.

3

Retenez qu'éprouver de l'empathie implique une charge émotionnelle chez les personnes impliquées. Préparez-vous à les vivre en toute humilité.

En pratique

Parler pour être compris

IL arrive des moments où nous avons un message à passer. Prenons quelques exemples tirés de la vie quotidienne :

- Vous désirez convaincre vos parents concernant vos plans d'études post secondaire.

- Vous abordez votre employeur pour discuter de votre rémunération.

- Vous souhaitez exprimer votre désaccord avec une collègue.

- Votre voulez que votre conjoint accepte d'augmenter le niveau d'épargne.

- En tant que gestionnaire, vous voulez négocier de nouveaux prix avec un fournisseur.

Ces situations ont tous en commun d'avoir un objectif qui tient à cœur à la personne qui se prépare à parler à son parent, son collègue, son patron, son conjoint ou son fournisseur. Il ne s'agit pas d'une conversation de tous les jours qui n'exige aucune préparation. Pour atteindre leurs objectifs, ces individus devront se préparer, choisir des arguments et comme on dit vendre leur salade sans insulter ni faire perdre la face à leurs interlocuteurs.

La première chose à savoir est qu'une relation est vivante. Si possible avant la rencontre, faites une séance de visualisation positive. Imaginez toutes les étapes de la rencontre, du début à la fin, comme le font les athlètes olympiques qui visent des médailles.

Pour vivre, la relation doit être nourrie, cajolée et aimée. En d'autres mots, une communication vraie, authentique et venant du cœur, a toutes les chances de bien finir et de faire progresser les deux interlocuteurs.

Afin de bien vous préparer à votre rencontre, faites les exercices suggérés à la fin de ce livre.

Écouter pour comprendre

> **« Il est bon de parler
> et meilleur de se taire. »**
> Jean de La Fontaine, *L'Ours et l'Amateur des jardins*

Imaginons encore les situations mentionnées ci-haut, mais, ici, vous avez le rôle d'écouter pour comprendre.

- Votre enfant veut vous expliquer ses plans d'études post secondaire.

- Votre employé discute de salaire avec vous.

- Votre collègue vous dit qu'elle n'approuve pas votre point de vue.

🖋 Votre conjoint veut modifier le budget familial pour augmenter le niveau d'épargne.

🖋 Votre partenaire d'affaires veut renégocier vos prix.

Des conseils similaires sont valables pour la personne en situation d'écoute, avec quelques modifications. N'oubliez pas que vous êtes en relation avec une personne qui souhaite vous parler. Comme elle, vous souhaitez que la relation soit vivante, authentique et agréable. Ouvrez votre cœur pour diminuer les risques de conflits. Vous serez surpris des résultats obtenus.

Afin de bien vous préparer à votre rencontre, faites les exercices suggérés à la fin de ce livre.

Questions ouvertes ou fermées 31

Je suggère d'utiliser un maximum de questions ouvertes lors de vos entretiens. Les questions ouvertes invitent l'interlocuteur à construire une réponse élaborée. Idéalement, elles ne contiennent aucun jugement sous-jacent.

Quant aux questions fermées, elles exigent des réponses courtes et rapides. Elles ont parfois leur utilité pour orienter rapidement une conversation dans un sens ou un autre.

Le tableau 3 propose des exemples de questions ouvertes ou fermées qui peuvent vous être posées lors d'un entretien d'embauche, d'évaluation ou de négociations entre partenaires.

Tableau 3 *Questions ouvertes ou fermées*

Questions ouvertes	Questions fermées
Comment vous sentez-vous ?	Combien d'employés avez-vous sous votre autorité ?
Quelles sont vos attentes ?	Maîtrisez-vous les logiciels de la suite Office ?
Êtes-vous satisfait de notre rencontre ?	Quel est votre métier ?
D'après vous, que pourrions-nous faire pour régler ce conflit à la satisfaction de tous ?	Quel diplôme avez-vous ?

Des réponses efficaces

Au cours de la conversation, tour à tour, chacun pose des questions ou répond un peu comme à une partie de tennis. Vous frappez la balle et vous la recevez sans savoir comment elle vous reviendra. Un smash est si vite arrivé ! Soyez prêt et en forme.

Sachez que certaines réponses sont plus respectueuses que d'autres et invitent votre interlocuteur à poursuivre le dialogue amorcé.

Par exemple, si vous dites : « J'entends ce que vous me dites. »

Vous démontrez du respect sans nécessairement approuver le contenu de son discours. La porte reste ouverte pour argumenter votre point de vue.

Voici d'autres exemples : « J'aimerais savoir pourquoi vous pensez ainsi. »

N'est-ce pas invitant pour votre interlocuteur à poursuivre ? « Si j'ai bien compris, vous me dites que... »

...et reformuler ce que vous avez compris. Votre interlocuteur se fera un plaisir de vous donner raison ou de corriger votre compréhension avant de poursuivre.

Garder son calme permet de désamorcer des bombes en puissance. Je me souviens d'un client agressif au téléphone. Je l'ai patiemment écouté avant de lui répondre. « Si j'étais vous, je serais fâché, mais, si vous me le permettez, j'aimerais vous exposer mon point de vue ».

Il s'est immédiatement calmé et a écouté. Nous avons discuté calmement et la conversation s'est terminée sur un ton amical même si le problème n'était toujours pas réglé. Le client savait que je m'occuperais de lui et que je ferais un suivi. J'ai tenu ma promesse.

33

Un bon truc si vous travaillez
en service à la clientèle au téléphone.
Gardez près de vous un miroir.
Souriez, le client sentira votre émotion
même sans vous voir.

Évitez de riposter ainsi : « Oui, mais… »

Votre interlocuteur sentira que vous prépariez votre réponse pendant qu'il parlait. Il entendra : « Écoutez-moi bien… »

Vous fermez bien des portes avec une telle réponse.

Le langage non verbal

> **« La chose la plus importante en communication, c'est d'entendre ce que l'autre ne dit pas. »**
> Peter Drucker

Je pourrais écrire un livre, même une encyclopédie sur l'importance du langage non verbal (synergologie) dans la communication. Des recherches ont démontré que près de la moitié de la communication est non verbale, d'où son importance.

Voici quelques éléments du langage non verbal qui sont utiles à maîtriser dans le cadre d'une communication empathique pour rassurer votre interlocuteur :

☞ Votre poignée de main est ferme.

☞ Vous supportez aisément le regard sans fixer.

✍ Votre sourire est franc.

✍ Votre posture est droite.

✍ Le volume, le débit et le timbre de votre voix témoignent de votre maîtrise de la situation.

✍ Votre habillement correspond à la circonstance, sachez que même les couleurs influencent la communication.

✍ Surveillez vos gestes et votre posture.

✍ Respectez une distance physique appropriée entre vous et votre interlocuteur. Une distance adéquate et rapprochée entre conjoints devient inappropriée dans d'autres circonstances où il convient de s'éloigner.

✍ Tentez de garder les bras ouverts tout au long de la conversation.

✍ Surveillez vos odeurs corporelles (haleine, sudation, fumée) qui peuvent indisposer votre interlocuteur.

35

Entraînez-vous à poser les bons gestes aux bons moments lors de conversations simples et analysez vos performances pour améliorer la qualité de vos communications empathiques et de votre intelligence émotionnelle.

LA MEILLEURE FAÇON D'AMÉLIORER
SON LANGAGE NON VERBAL EST DE SE FILMER
LORS D'UNE SIMULATION D'ENTREVUE ET
DE L'ANALYSER AVEC UN PROFESSIONNEL
DE LA COMMUNICATION.

La puissance du silence

« *On se repent souvent de parler,*
jamais de se taire. »
Plutarque

36

« *Apprenez à écouter le silence ;*
laissez votre esprit écouter
et absorber. »
Pythagore

L'outil le plus précieux du communicateur empathique
est le SILENCE. Durant un silence, la personne a le temps
de ressentir une émotion, de chercher des éléments de
réponse dans sa mémoire et de préparer sa meilleure
stratégie de réponse. Si vous posez des questions en
rafale durant une discussion, vous aurez des réponses
uniquement pour les dernières questions posées rendant

les premières tout à fait inutiles. De plus, vous risquez d'épuiser votre interlocuteur qui vous manifestera verbalement ou non son désir de mettre un terme à l'entretien.

Si vous voulez devenir un communicateur recherché pour vos qualités empathiques, apprenez à respecter le silence. Pour y arriver, prenez une pause d'au moins cinq secondes après avoir posé une question. Je vous garantis des résultats surprenants.

Profiter de votre moment de pause pour adopter un langage non verbal calme et invitant. Par exemple, supportez le regard sans fixer, gardez les bras ouverts et penchez-vous légèrement vers la personne que vous écoutez tout en souriant.

J'ignore s'il s'agit d'un hasard, mais, en anglais, le mot «listen» contient les mêmes lettres que le mot «silent».

La recette d'un échec assuré

Quoi faire si vous voulez échouer :

- Choisissez un mauvais moment.

- Improvisez la rencontre.

- Élevez le ton.

- Posez des questions en rafale.

- Brisez le silence dès qu'il survient.

- Manquez de respect enver votre interlocuteur.

- Humiliez ou dénigrez votre interlocuteur.

- Tentez d'avoir raison à tout prix, vous gagnerez une bataille, mais pas la guerre. La relation sera rompue ou difficile à rétablir.

- Manipulez votre interlocuteur.

Je vous laisse imaginer les résultats. Il vaut mieux reporter une conversation délicate si vous peinez à gérer vos émotions. Une fois la relation brisée ou écorchée, il vous faudra dépenser beaucoup d'énergie pour la réanimer et ensuite recommencer tous vos efforts pour atteindre vos objectifs initiaux.

Parler avec un enfant

La communication avec les jeunes enfants demande un effort particulier. Les enfants de moins de huit ou neuf ans sont incapables de comprendre les expressions complexes. Pour vous en convaincre, je vais vous raconter l'histoire d'une visite scolaire que j'ai faite auprès d'enfants de maternelle et de première année.

Le professeur m'avait invitée pour présenter mon livre *La magie du corps humain* de la série des aventures de Félix et Boubou. Dans ce livre, j'explique des expressions sur le corps humain par exemple :

✍ Avoir le cœur gros.

✍ Avoir une grande langue.

✍ Se faire tirer les vers du nez.

✍ Se mettre les pieds dans les plats.

Les professeurs et moi avons eu bien du plaisir à écouter le sens que les enfants donnaient à ces expressions. Aucun d'entre eux ne les comprenait. Ils ont tous réellement cru que des vers pouvaient leur sortir du nez. Quand je leur ai demandé ce qu'ils feraient s'ils avaient une cervelle d'oiseau, deux élèves ont vite levé leurs mains. Le premier m'a dit qu'il pourrait enfin manger des vers de terre, le deuxième qu'il volerait au-dessus de sa maison.

Cette histoire illustre l'importance d'adapter votre vocabulaire à la capacité de comprendre de votre interlocuteur, en particulier avec les enfants. Ne soyez pas étonné

39

si votre enfant refuse de sortir si vous dites qu'il pleut des clous dehors.

L'importance de vulgariser s'applique également lorsqu'il y a un écart de connaissance entre vous et votre interlocuteur (médecin et patient, avocat et client, ingénieur et client). Un patient m'a déjà dit que les suppositoires que je lui avais prescrits l'avaient guéri, mais qu'ils goûtaient mauvais.

Si vous maîtrisez un vocabulaire spécialisé et dialoguez avec un enfant, assurez-vous d'être bien compris.

Gérer une discussion toxique

J'entends certains lecteurs me dire : « Parfois, il faut mettre un terme à une relation toxique. » Je leur réponds alors qu'ils ont tout à fait raison. Si on entretient une relation avec un manipulateur ou un agresseur, la situation devient complètement différente. Il vaut mieux mettre un terme aux relations , avec le plus de respect possible, avec ces personnes qui n'ont pas l'intention de vous écouter. Il existe plusieurs références pour apprendre à reconnaître ce type de situation et à agir en conséquence. Le propos de mon livre est de se préparer à communiquer entre personnes de bonne volonté.

Voici quelques indices qui vous aideront à reconnaître une discussion toxique :

- Le moment de la rencontre est imposé et non négociable.

- La rencontre est improvisée.

- Vous sentez du mépris, êtes victime d'accusations ou de menaces à peine voilées.

- Vous êtes bombardé de questions auxquelles vous n'avez pas le temps de répondre.

- Votre interlocuteur ne vous écoute pas, vous coupe la parole ou ne supporte pas le silence.

- Votre interlocuteur cherche à vous humilier.

- Vous sentez que vos chances de grandir avec votre interlocuteur sont nulles. Votre adversaire ne cherche qu'à gagner son point.

- Vous sentez un abus de pouvoir difficile à éviter.

Si vous êtes pris dans une telle discussion, je vous recommande d'y mettre un terme en vous situant dans le temps présent et en nommant votre malaise.

Voici quelques exemples de phrases dont j'ai usés avec succès en présence de personnes manipulatrices :

« Présentement, je ne me sens pas à l'aise pour poursuivre cet entretien. Il faut mieux se revoir lorsque nous serons plus calmes. Je pense qu'il nous faudra au moins vingt-quatre heures pour y arriver. »

« Présentement, je n'apprécie pas le ton avec lequel vous vous adressez à moi. Je vous offre de changer de ton ou de prendre rendez-vous pour poursuivre notre discussion. »

Dans le deuxième cas, si la personne s'excuse avec sincérité et change de ton, reprenez l'entretien. Dans ces deux exemples, je choisis de commencer par le mot « Présentement » pour recadrer l'individu dans le temps. L'expérience m'a montré qu'une personne abusive vit dans le passé ou dans l'avenir et éprouve des difficultés à vivre le moment présent. J'utilise un ton calme et parle à voix basse pour apaiser l'atmosphère. Ensuite, je nomme mon malaise qui ne peut être négocié ou argumenté. Je termine en proposant une seconde rencontre. Cette offre laisse la porte à une deuxième chance. D'après vous, qui mérite une condamnation à vie pour avoir élevé le ton ? Après tout, chaque personne peut avoir ses mauvais moments.

Cette technique est gagnante dans la majorité des cas. Au cours de la deuxième rencontre, votre interlocuteur présentera souvent ses excuses et sera heureux d'être pardonné. Votre relation aura une belle chance d'évoluer à nouveau. Cette technique est particulièrement efficace avec des adolescents qui gèrent avec difficulté leurs émotions. Mettre un terme à une discussion manipulatrice constitue une bonne leçon à ceux qui tentent d'abuser de votre confiance. Il leur appartient alors de faire leur propre exercice d'introspection pour s'améliorer.

Malheureusement, malgré toute votre bonne volonté, rien ne pourra réparer une relation toxique basée sur la domination et le harcèlement psychologique ne visant qu'à vous détruire. Dans ces conditions, la relation doit être interrompue pour vous permettre de vous épanouir.

La communication créative

Selon mon expérience, une communication empathique peut mener bien au-delà de vouloir comprendre, consoler ou accueillir l'autre. Dans certains cas, lorsque les deux personnes discutent avec une réelle intention de régler un problème, la communication atteint un niveau supérieur que j'appellerais : communication créative.

Imaginez deux personnes face à un problème qui négocient dans le but de trouver une solution gagnant-gagnant. L'histoire *Maman, je veux sortir* (voir page 53) racontée plus loin dans ce livre illustre bien le cas d'une communication créative.

Cette communication de haut niveau exige une bonne dose d'humilité de la part des deux personnes impliquées dans la résolution d'un problème. Pour y arriver, il vaut mieux bien se préparer et avoir une réelle intention de s'investir dans la recherche d'une solution.

Idéalement, il faut choisir le meilleur moment chez les parties impliquées.

À RETENIR DE LA PRATIQUE

1

Prenez soin de vos relations,
elles sont vivantes.
Elles ont besoin d'être nourries,
aimées et entretenues.

2

Posez des questions ouvertes
et répondez efficacement afin d'enrichir
le dialogue avec votre interlocuteur.

3

Comptez en silence jusqu'à 5 après
chaque question et après chaque réponse.
Vous améliorerez ainsi vos compétences
en communication empathique.

———

4

Apprenez à interpréter le langage
non verbal et à réagir adéquatement
en vertu de votre message.

5

Repérez les conversations toxiques,
désamorcez-les ou mettez y fin
si elles ne peuvent être réanimées.

6

Restez ouvert et humble, trouvez
des solutions créatives à vos problèmes
en communiquant avec les autres.

7

Adaptez votre niveau de langage
selon la capacité de comprendre
de votre interlocuteur.

———

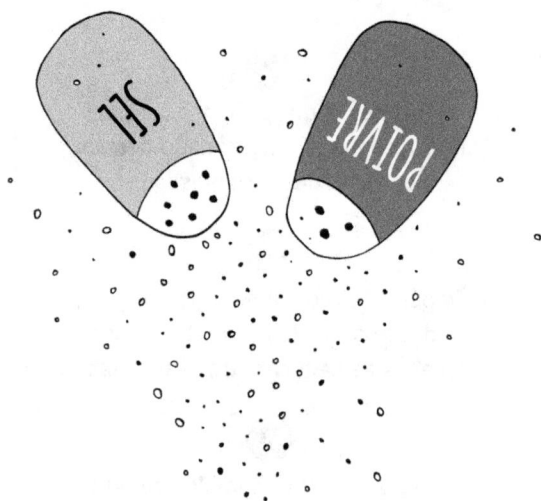

Mettez-y de l'empathie,
c'est délicieux !

En pratique : des exercices

Parler pour se faire comprendre

Afin de profiter au maximum de cette partie du livre, je vous invite à prendre un papier et un crayon et à faire les exercices recommandés. Écrire permet de préciser nos idées en les clarifiant. Plus l'enjeu de la communication est important, plus la préparation doit être adéquate.

Par exemple, les artistes qui se présentent à un concours répètent beaucoup leur performance. Les employeurs sélectionnent les candidats bien préparés qui ont fait l'effort de se renseigner sur la mission, la vision et les valeurs de leur entreprise. Un client sera plus disposé à acheter un produit d'un représentant qui connaît son produit et qui fait la démonstration qu'il répond à ses besoins.

47

Avant la rencontre

✍ Déterminez à qui vous désirez parler et où il se situe hiérarchiquement par rapport à vous ?

- Est-ce un parent, un ami, un collègue, un fournisseur, un partenaire ?

- Soyez plus prudent lorsque vous prévoyez vous adresser à une personne agressive ou manipulatrice.

☞ Quels sont mes demandes ou mes objectifs ? Ici, notez toutes vos demandes et objectifs. Par souci d'efficacité, sélectionnez-en un ou deux qui vous sont prioritaires. S'il y a plus d'objectifs, il vous faudra probablement plus d'une rencontre pour bien résoudre tous les problèmes.

☞ Tentez de trouver le meilleur moment pour solliciter une rencontre et annoncer votre demande. Par exemple, les lundis matin et les vendredis après-midi sont rarement les moments idéals.

☞ Estimez le temps prévu pour la rencontre et annoncez-le dans votre convocation. Votre interlocuteur y verra une marque de respect de son temps et pourra prévoir le temps requis dans son agenda. Vous augmenterez ainsi vos chances d'avoir du temps de qualité.

☞ Si vous pensez que la charge émotive sera grande et la situation très complexe, faites un jeu de rôle avec un coach expérimenté pour vous aider. Ce genre de situation exigera une bonne maîtrise de vos émotions. Sachez que la colère vous fait perdre bien des points lors d'une discussion délicate.

☞ Faites le maximum de recherche pour bien connaître les besoins de votre interlocuteur. Que pouvez-vous offrir pour l'aider à les combler ? Un interlocuteur sera plus sensible à vos besoins s'il sent que vous vous préoccupez des siens. Votre chance d'en arriver à une solution gagnant-gagnant augmente.

⚡ N'arrivez pas les mains vides. Préparez des documents ou des exemples qui appuieront vos arguments. Ces documents vous aideront à démontrer votre sérieux.

⚡ Imaginez la rencontre, écrivez et pratiquez un maximum de questions ouvertes. Réécrivez-les et raffinez-les pour obtenir les meilleurs résultats.

Pendant la rencontre

⚡ Au début de l'entrevue, remerciez votre interlocuteur de vous consacrer du temps, vous créerez ainsi un climat de confiance propice à la discussion.

⚡ Annoncez rapidement l'objectif de la rencontre et répétez le temps que vous estimez requis pour la rencontre.

⚡ Écoutez sans interrompre la réaction de votre interlocuteur.

⚡ Posez les questions ouvertes que vous avez préparées une à la fois.

⚡ Maîtrisez l'art du silence et des pauses en comptant jusqu'à 5 après avoir posé une question ou avoir répondu à une question. Succès garanti !

⚡ Tentez de terminer la rencontre avec deux gagnants.

⚡ Offrez une prochaine rencontre.

⚡ Avant de conclure, demandez à votre interlocuteur de résumer la rencontre et corrigez au besoin les mauvaises interprétations.

Après la rencontre

✎ Après la rencontre, notez vos impressions, tentez d'analyser vos meilleures stratégies à répéter et repérer les moins bonnes à éviter. Ainsi vous améliorerez votre compétence à parler pour être compris.

✎ Préparez la prochaine rencontre avec le même soin que la rencontre initiale.

Écouter pour comprendre

> **« Parler est un besoin, écouter est un talent. »**
> Goethe

Vous avez reçu une invitation pour discuter d'un objectif précis. Cette demande peut provenir d'un de vos proches, de votre employé, de votre patron ou d'un partenaire d'affaires. Tous ceux qui vous connaissent peuvent solliciter une rencontre avec vous à tout moment. Le plus tôt vous recevrez l'invitation, plus vous aurez la chance de vous préparer afin de maximiser vos chances de conclure la discussion avec deux gagnants.

Prenez un papier et un crayon pour bien vous préparer. Après la rencontre analysez la rencontre. Ces exercices vous aideront à améliorer vos communications empathiques.

Avant la rencontre

- Préparez la rencontre, idéalement par écrit, en notant ce que vous croyez vos limites.

- Négociez le meilleur bon moment pour la rencontre. Offrez plusieurs bons moments pour vous.

- Réservez dans votre agenda le temps prévu pour la rencontre.

- Imaginez les questions qu'on vous posera et préparez vos réponses.

- Si la situation s'annonce complexe, faites un jeu de rôle avec un coach expérimenté pour vous aider.

- Si vous pensez que la situation l'exige, prévenez à l'avance votre interlocuteur qu'un témoin assistera à la rencontre et demandez-lui son accord.

- Renseignez-vous sur les besoins de votre interlocuteur et préparez-vous à l'aider à les combler.

Pendant la rencontre

- Promettez à votre interlocuteur de l'écouter et tenez votre promesse.

- Respectez l'objectif de la rencontre en écoutant et en réagissant avec sincérité.

- Posez plus de questions ouvertes que fermées.

- Prenez une pause de 5 secondes avant de répondre aux questions difficiles. Ce moment de pause permet de construire une réponse réfléchie. Cultivez l'amour du silence.

🖎 Proposez une deuxième rencontre, cela vous permettra de colliger plus de renseignements en cas de besoin. Si on vous présente des documents, n'hésitez pas à demander des copies pour avoir le temps de les analyser.

🖎 Acceptez ou offrez une autre rencontre.

🖎 Tentez de terminer la rencontre avec deux gagnants.

🖎 Avant de terminer, résumez votre compréhension de la rencontre et demandez à votre interlocuteur si vous avez bien compris.

🖎 En conclusion, demandez à votre interlocuteur s'il est satisfait de la rencontre.

Après la rencontre

🖎 Après la rencontre, notez vos impressions, analysez vos meilleures stratégies à répéter et repérez celles à éviter. Ainsi vous améliorerez votre compétence à écouter pour comprendre.

La magie de l'empathie

Dans cette partie, je relaterai quelques histoires de conversations qui m'ont marquée comme mère, collègue ou médecin. À certains égards, je fus étonnée des effets magiques de ces conversations. Chacune m'a touchée par l'authenticité de la communication. C'est un réel plaisir de les partager avec vous. Voici quelques exemples de communication entre deux personnes, et deux communications de masse que j'ai appelées méga communication.

Communications interpersonnelles

Maman, je veux sortir

Je crois sincèrement que la meilleure école pour apprendre et pratiquer vos compétences en communication authentique se trouve tout près de vous à la maison, ou au bureau. Pour illustrer mon propos, j'ai choisi de vous raconter une négociation entre mon fils de 16 ans et moi.

Mon fils est arrivé dans la cuisine en m'annonçant qu'il voulait coucher chez son ami. Je lui ai demandé l'adresse et le numéro de téléphone des parents pour m'assurer de la présence d'une personne responsable.

Les hormones d'adolescent ont repéré une belle occasion d'exploser comme un volcan. Il n'était pas question pour lui de dévoiler les secrets entourant son projet.

Je venais de lire un livre écrit par Steven Covey, *Les 7 habitudes en action*. J'avais là l'occasion de pratiquer une technique suggérée par l'auteur, intitulée *Les trois vies*.

J'ai calmement cherché un jeu de cartes, déposé trois cartes devant moi et trois autres devant mon fils. Je l'ai invité à jouer au jeu de la négociation.

Intrigué, il a accepté d'écouter les consignes. « Je comprends que tu veux aller coucher chez ton ami. De mon côté, je veux savoir où tu vas et parler aux parents. On va discuter calmement pour trouver un terrain d'entente. Nous avons chacun trois vies. Si l'un de nous crie, coupe la parole de l'autre ou s'emporte, il perd une vie.

Le but est de nous entendre pendant que nous avons encore des vies. Celui qui perd ses trois cartes perd la partie. Si tu perds tes cartes, tu n'iras pas chez ton ami. Si je perds mes cartes, tu partiras sans me dire où ni me laisser parler avec tes parents. Mais on peut trouver une solution gagnant-gagnant pendant que nous avons encore des cartes. Cette solution sera celle retenue. »

À mon grand étonnement, il accepta le défi. Nous avons commencé à jouer à ce jeu de la négociation. Ce ne fut pas facile avec un adolescent déterminé. Nous avons tous les deux perdu deux cartes. La situation se corsait. Aucun de nous ne voulait perdre. Vint le moment tournant de la discussion.

Je lui ai demandé comment il comptait se rendre chez son ami. Il répondit qu'il prendrait l'autobus et que le trajet prendrait une heure.

Je lui ai offert d'aller le conduire et d'aller le chercher en voiture en échange des renseignements que je demandais, puis j'ai laissé le silence faire son œuvre.

Il a probablement figuré qu'un trajet en voiture et au chaud de vingt minutes valait mieux que d'attendre dans le froid un bus qu'il risquait de rater. Il finit par sourire avant d'accepter mon offre.

Nous avons réglé notre différend sans chicane. J'ai pu téléphoner aux parents, mais j'ai dû faire l'effort de transporter mon fils chez son ami.

Je n'ai jamais oublié le jeu des trois vies. Je l'ai refait à quelques reprises avec mon fils, mais après deux ou trois fois, nous n'avions plus besoin des cartes pour trouver des solutions à nos conflits, qui ont diminué en fréquence et en intensité.

Ce petit truc tout à fait gratuit fonctionne à merveille avec des adolescents qui aiment les défis.
Mais attention, ils feront tout pour vous faire perdre vos cartes.
Par contre, je ne pense pas que vous puissiez apporter des cartes pour négocier avec votre patron ou vos partenaires d'affaires !

Maman, je ne veux pas aller au restaurant

Lorsque mes deux garçons avaient dix et douze ans, nous les avons amenés au Walt Disney World Resort pour deux semaines. Afin de leur faire comprendre la valeur du voyage, ils ont dû choisir avec nous les hôtels, les activités et les restaurants. La consigne était claire dès le départ. Le budget du voyage devait être respecté. Nous avons donné à chaque enfant un montant pour acheter leurs souvenirs qu'ils devaient gérer pour deux semaines. Nous pensions que ce serait une bonne leçon de vie pour eux.

Tout s'est passé exactement comme prévu, les enfants n'ont jamais demandé à avoir plus de sorties ou davantage de cadeaux. Un soir que j'étais fatiguée, j'ai dit à mon mari : « Allons manger une pizza. »

56

Mon fils se mit immédiatement à pleurer. Il était inconsolable. Il ne voulait pas aller manger au restaurant. Je ne comprenais pas ; la pizza était l'un de ses mets favori !

Entre deux larmes, il a fini par réussir à nous rappeler que j'avais dit que si nous dépassions notre budget, nous n'aurions plus d'argent. Dans sa tête d'enfant, nous deviendrions pauvres et ne pourrions plus rien acheter du tout.

Finalement, nous avons mangé au condo pour respecter notre engagement à l'exemple des enfants. Quelle belle leçon !

Cette histoire illustre à quel point la parole prononcée par une figure d'autorité peut être puissante. Les enfants et les employés sont très sensibles aux paroles de leurs parents ou de leurs superviseurs.

Docteur je ne veux pas sortir

Une étudiante en médecine m'a raconté qu'un jour alors qu'elle faisait un stage en chirurgie vasculaire dans un hôpital anglophone de Montréal, elle soignait une dame qui peinait à s'exprimer en anglais. Quand vint le jour de son congé, la patiente refusa catégoriquement de partir. L'équipe médicale lui donna un sursis d'une journée. Le lendemain, elle s'opposa encore plus fermement à son congé. Sans trop comprendre, les médecins acceptèrent de la garder. Il en fut ainsi pendant une semaine.

Prenant son courage à deux mains, notre étudiante bilingue de deuxième année, le nez à peine sorti de ses livres, se rendit au chevet de la malade. Après quelques minutes, elle sortit de la chambre et annonça à son patron que la patiente sortirait au cours de l'après-midi.

En réunion, on lui demanda comment elle avait fait pour amadouer la patiente et venir à bout de ses résistances.

57

Elle leur raconta qu'elle lui avait simplement demandé : «Pourquoi refusez-vous de sortir?». La dame répondit candidement : «J'ai peur de tomber dans les marches, car je demeure au deuxième étage et il n'y a pas d'ascenseur». Sur ce, elle lui offrit des services de physiothérapie et de soins infirmiers à domicile pour l'aider à reprendre confiance. La patiente accepta l'offre et téléphona à sa fille pour lui demander de venir la chercher.

> Dans cette histoire, la jeune étudiante a eu
> une communication empathique avec la patiente
> pour comprendre ses peurs et lui offrir une solution.
> Dommage que la dame soit demeurée
> toute une semaine à l'hôpital sans raison.

Une vilaine virémie

La veille de la fête des Mères, une mère consulta à la clinique sans rendez-vous avec sa fille. La petite avait un minuscule bouton sur la cuisse. La mère, anxieuse, me demanda si sa fille était contagieuse. Ma première réponse fut un non catégorique. Pendant que son agitation montait, je gardais le silence car j'ignorais comment lui dire que sa fille n'avait qu'une piqûre de maringouin.

Elle insista : «Dites docteure, elle est contagieuse ma fille! On ne peut pas aller à la fête de famille demain, elle contaminerait les autres enfants.» Je répondis : «Vous pourrez dire à votre famille que le docteur vous a dit que votre enfant souffrait d'une vilaine virémie contagieuse. Ainsi, ce sera de ma faute et non de la vôtre si vous annulez votre présence.» Sur ces mots, nous avons éclaté de rire.

Cet exemple illustre qu'en quelques instants, on peut comprendre la détresse et la motivation d'une personne. Les opportunités de pratiquer l'empathie se présentent en toutes circonstances. Cette maman m'a certainement citée auprès de sa famille pour justifier son absence à la fête.

59

Je ne veux pas aller chez mon père

Un jour, une amie avocate m'a demandé d'évaluer un enfant de trois ans qui refusait d'aller chez son père suite au divorce de ses parents. Les deux parents professionnels avaient de bonnes positions et gagnaient honorablement leur vie. Aucun des deux n'abusait d'alcool ou de drogue. Il n'y avait pas de violence conjugale. Plusieurs experts avaient déterminé que les deux parents avaient les aptitudes requises pour exercer convenablement leur rôle parental. Pourtant l'enfant refusait obstinément d'aller chez son père.

Après avoir dépensé des milliers de dollars en expertise et en thérapie pour l'enfant, l'avocate offrit aux parents de venir me voir. Elle savait que j'avais une certaine expérience avec les enfants.

J'ai donc offert une rencontre qui devait avoir lieu en présence des deux parents et de l'enfant. Après avoir mis tout le monde à l'aise, j'ai exploré un angle souvent oublié dans l'évaluation des enfants dont les parents divorcent. Je voulais savoir si l'enfant se sentait coupable de la séparation. Il n'en était rien.

Au bout d'une heure, n'aboutissant à rien de tangible pour expliquer la détresse de l'enfant, je lui demandai : «Si tu allais passer deux jours chez ton père, qu'est-ce qui arriverait?» Il m'a aussitôt répondu qu'il mourrait de faim.

Inutile de vous dire que personne ne s'attendait à cette réponse qui venait du cœur. Je lui ai demandé pourquoi il mourrait de faim. Il m'a répondu qu'il ne pourrait pas manger, car son père ne cuisinait pas. Donc, dans sa petite tête, il n'avait jamais vu son papa préparer de la nourriture. En conséquence, il ne mangerait pas et il mourrait de faim. Il en était convaincu!

Pour régler le problème, le soir venu, le père est allé chez son ex-conjointe, a préparé une omelette pour son fils. Dès ce jour, il accepta de se rendre chez son père sans hésiter.

Ce genre d'histoire ne peut arriver qu'à des enfants qui n'ont pas toutes les informations pour prendre de bonnes décisions pour eux. À cet âge, ils ne peuvent analyser avec discernement comme les adultes. Ils y vont d'instinct pour leur survie. D'où l'importance de chercher à explorer leur réalité.

> Cet exemple illustre l'importance de mettre à jour
> les raisons qui motivent ceux qui se protègent
> sans raison apparente. Seules des questions ouvertes
> peuvent résoudre les énigmes de ces mystères.
> En particulier chez les enfants en détresse,
> qu'il faut rassurer pour les déculpabiliser.

Docteur, j'ai mal à ma cheville

Un soir j'étais à l'urgence. J'ai évalué une jeune fille qui avait mal à la cheville. Elle pleurait à chaudes larmes et montrait des signes d'anxiété importants.

Après avoir évalué la cheville et analysé les radiographies, je suis allée la revoir pour lui annoncer qu'elle souffrait d'une entorse. Je lui ai remis une prescription d'analgésique ainsi qu'un billet d'arrêt de travail de deux semaines.

La pauvre éclata en sanglots à nouveau et devint inconsolable. Moi qui pensais lui annoncer une bonne nouvelle en lui apprenant qu'elle n'avait pas de fracture et qu'un peu de repos suffirait à la remettre sur pied. Il me fallait découvrir la cause de sa détresse.

Quand je lui ai demandé la cause de son chagrin, elle me répondit qu'elle étudiait depuis un an pour devenir hôtesse de l'air. Son examen final devait avoir lieu le lendemain. Elle avait besoin d'être en forme pour passer les épreuves pratiques.

Si elle prenait une pause de deux semaines, il lui faudrait attendre la prochaine séance d'examen qui avait lieu l'année suivante.

Pour la calmer, je lui offris de bien panser sa cheville avec un pansement rigide et lui prescrivit un analgésique plus fort à prendre une heure avant l'examen.

Pour m'assurer que tout se déroule comme prévu, je lui ai donné rendez-vous deux jours plus tard.

Comme convenu, le surlendemain, la jeune fille se présenta à l'heure. Souriante, elle me confirma qu'elle avait très bien performé à son examen. J'ai réévalué sa cheville et refais le pansement. Avant de partir, elle me promit de prendre deux semaines de repos pour permettre à sa blessure de guérir complètement.

Ce cas illustre à nouveau la puissance de la communication empathique. Une question ouverte a permis de percer le mystère de la peine de cette patiente. Malheureusement, il n'est pas toujours possible d'offrir une solution aussi gagnante. En effet, si la jeune fille avait eu une fracture, il aurait fallu lui mettre un plâtre. Elle aurait dû attendre un an avant de voir son rêve réalisé.

Maria Goretti

J'ai vécu le cas le plus inusité de ma carrière lorsque je travaillais comme jeune médecin dans le Nord-du-Québec. J'avais accepté de m'occuper du département de psychiatrie. À cette époque, des spécialistes en psychiatrie venaient nous visiter aux trois semaines. Entre-temps, deux médecins de famille s'occupaient des 50 lits, des consultations et des urgences.

Ce jour-là, j'ai reçu une demande de consultation à l'étage pour un individu qui s'était brûlé les mains lors du feu de son logement. Jusqu'ici tout semblait normal. Toutefois au moment d'écrire son nom sur ses choix de menu, il avait signé *Maria Goretti*. Les infirmières étonnées lui demandèrent des explications. Il persistait et insistait pour dire qu'il s'appelait *Maria Goretti*.

Le médecin responsable du cas pansa ses plaies et demanda une évaluation psychiatrique, car les policiers soupçonnaient le patient d'avoir allumé l'incendie.

Avant de rencontrer le patient, je me renseignai un peu et découvrit qu'il portait ce nom depuis très longtemps. Par exemple, il signait ses chèques de bien-être social avec son nom d'emprunt. Des membres de sa famille me dirent que tout le village avait abandonné l'idée de l'appeler autrement.

Le patient confirma toutes mes appréhensions et me dit qu'on devait l'appeler par le nom de son choix.

Je décidai de le garder en attendant qu'il puisse voir le psychiatre qui m'aiderait à gérer ce cas de psychose bien encapsulée.

Le psychiatre le rencontra sans lire le dossier ni me demander mon avis. Au moment de discuter de son cas, le psychiatre me dit que je pouvais donner congé au patient qui, selon lui, n'avait aucune pathologie psychiatrique.

Étonnée, je retournai le voir avec lui. Il lui demanda : « Docteure Audet m'a dit que vous connaissez une certaine *Maria Goretti*. Pouvez-vous m'en parler ? » Le bal était parti. Le patient a déliré à nouveau pendant plus de trente minutes. Le psychiatre a ordonné une hospitalisation et une expertise psychiatrique en profondeur de *Maria Goretti*.

Ce cas extrême illustre que certaines déviations peuvent être camouflées derrière des comportements aux allures tout à fait normales. Ce type de psychose encapsulée n'est pas toujours facile à mettre en évidence.

Mes autistes chéris

Lors de ma première année de pratique en région éloignée, j'ai choisi de consacrer la majorité de mon temps à soigner des enfants. Je pensais pouvoir les influencer et les aider à grandir. Un médecin qui quittait son poste m'a offert de m'occuper de jeunes autistes vivant dans un centre spécialisé.

Lors de ma première visite au centre, j'ai été frappée par le climat. Les jouets neufs étaient empilés au milieu d'une grande salle de jeux. Les jouets, comme les jeunes, semblaient souffrir de solitude. Luc, six ans, le plus jeune pensionnaire, fixait un mur joliment décoré. Son aîné semblait hypnotisé par le mouvement circulaire d'une toupie. Un autre enfant battait des mains sans raison apparente.

L'infirmière m'expliqua que la majorité des pensionnaires refusait totalement de communiquer. Ils portaient des couches et se montraient souvent agressifs entre eux ou envers le personnel. Impuissants face à leur agressivité, les éducateurs avaient dû se résigner à leur faire porter des casques de hockey et parfois des gants de boxe, pour les protéger des blessures qu'ils s'infligeaient.

Pour ajouter une couche de misère, l'infirmière m'informa que la majorité des parents ne visitaient plus leurs enfants. Peu d'entre eux leur envoyaient un cadeau à Noël ou à leur fête. Les plus chanceux, souvent les moins malades, sortaient quelques heures par mois le temps d'un repas en famille.

Rien dans mon cours de médecine ne m'avait préparée à une telle réalité. Je ne connaissais aucun traitement pour ces enfants. Comment leur faire comprendre que je voulais leur bien ? Mes amis m'avaient prévenue que cette mission était impossible.

Découragée après cette visite, j'avais besoin de me détendre. Le soir, j'ai regardé un film. Le héros était un médecin d'expérience qui dirigeait un hôpital psychiatrique. La majorité des patients ne pouvaient espérer retourner chez eux ou occuper un emploi. Paradoxalement, ils semblaient tous calmes. Aucun patient ne portait de camisole de force. Les éducateurs et les patients rigolaient dans la cour ou jouaient au ballon.

Plus loin dans le film, un journaliste interrogeait le médecin sur le secret de son succès. Il répondit qu'à son arrivée, tous les patients vivaient en isolement. La plupart portaient des contentions physiques. Il raconta qu'en équipe, ils les avaient apprivoisés un à un, une minute à la fois. Ils les avaient même initiés aux arts et à la musique. Selon lui, le plus important était de croire à leur succès. Il a conclu en disant que cette pratique peu commune avait enrichi tout le personnel de l'hôpital. À la fin du film, je me suis dit que je voulais tenter cette expérience.

Pendant plus d'un an, les éducateurs se sont engagés à amuser les enfants un à un. Nous leur avons fait écouter de la musique, les avons initiés à la relaxation et laisser dessiner avec leurs doigts. Parfois, ils nous rendaient nos sourires, parfois non. Ce fut long, mais toute l'équipe y croyait.

L'été venu, les enfants se sont bien amusés au camp de vacances que nous avions organisé pour eux en bordure d'un lac. Nous avons fêté ensemble la remise des casques et des gants de boxe devenus inutiles. Personne n'est venu les chercher, aucun d'entre eux n'a réussi d'étude, mais ils se sont ouverts aux autres. Ces autistes peuvent tous se vanter d'avoir influencé nos vies et de nous avoir fait grandir sans grand diplôme ni grand discours.

Je remercie ces enfants de m'avoir permis de développer des stratégies de communication différentes de celles qu'on utilise généralement. Les autistes ont une hypersensibilité sensorielle qu'il faut apprendre à exploiter.

De nos jours, des classes spéciales leur sont réservées. Heureusement, la neuropsychologie a évolué et
a permis d'ouvrir des canaux de communication différents et efficaces avec la grande majorité des enfants souffrant de troubles envahissants du développement que nous appelions autrefois *autistes*.

Quand il n'y a pas de mot

J'étais de garde à l'urgence une nuit de Noël. L'infirmière du triage de l'urgence a déclenché le code rose pour nourrissons en détresse. Ignorant tout des circonstances de l'arrêt cardio-respiratoire, l'équipe de garde que je dirigeais tenta de le réanimer en espérant le sauver. Son petit cœur nous faisait peur. Il battait, cessait et repartait. Ses petites lèvres bleues nous faisaient craindre le pire. Entre l'espoir et l'impuissance, je ne me résignais pas à arrêter les manœuvres.

Les infirmières et mes collègues attendaient mes instructions. Je pensais à mes propres enfants qui m'attendaient à la maison pour déballer leurs cadeaux. J'entendais les parents pleurer. D'abord, une infirmière posa sa main sur mon épaule puis me souffla à l'oreille l'histoire de l'enfant. Il était né prématurément trois semaines plus tôt. Il avait cessé de respirer à la maison et aucune assistance n'avait été donnée pendant les vingt minutes de transport en voiture. Elle précisa que la mère avait deux petites filles et que l'enfant était leur seul fils.

L'émotion m'est montée à la gorge. Ça m'a rappelé mes trois fausses couches et mes deux garçons qui ont suivi. Ces informations m'obligeaient à prendre une décision difficile. En m'acharnant, je le condamnais à une vie végétative. Après 45 minutes d'efforts, j'ai murmuré : «Cessons les manœuvres de réanimation». Les petits battements du cœur se sont doucement éteints. Le son rythmé du moniteur Bip, Bip s'est transformé en une alarme continue signifiant la fin. Tout le monde a baissé les yeux pendant que je constatais le décès.

Il me restait maintenant à rencontrer ses parents. Je ne trouvais pas les mots pour annoncer la terrible réalité. Je me suis approchée de la salle où ils m'attendaient. En entrant, j'ai regardé la mère. Nos cœurs de maman se sont compris. J'ai ouvert mes bras pour l'accueillir et nous avons pleuré ensemble pendant une dizaine de minutes sans parler. Aucun mot juste ne me venait à l'esprit pour nommer cette émotion.

Puis je me suis dégagée pour reprendre mon rôle de soignante. Malgré la douleur, je devais me ressaisir. Il me fallait annoncer qu'une autopsie s'imposait. Une fois cette tâche accomplie, j'ai pu offrir mon assistance aux parents éplorés.

Cette nuit-là, je suis arrivée très en retard à la maison. Les enfants et mon mari s'étaient endormis dans le salon. Ils n'avaient pas déballé les cadeaux. Je me suis assise au pied de l'arbre et j'ai sangloté doucement en pensant à la fois à la chance que j'avais d'être mère et aux dures obligations du médecin de famille.

Trente ans plus tard, la fille de mon conjoint a perdu sa lutte contre le cancer. Sylvain et moi avons été complices de son dernier souffle. Mes collègues, mes parents et mes amis ont cherché en vain les mots justes pour me consoler, comme j'avais si souvent tenté de le faire au cours de ma carrière. C'est la chanteuse Lynda Lemay qui a raison dans la chanson *Pas de mot,* aucun scribe ni expert de la langue française n'a trouvé le mot juste pour désigner un parent qui perd son enfant. De façon très poétique, elle arrive, comme moi, à la conclusion qu'il n'y a pas de mot dans nos dictionnaires pour nommer la souffrance des parents qui survivent à la mort accidentelle ou programmée de leur enfant.

69

Dans la vie, il y a de ces moments où les mots ne viennent pas pour communiquer notre empathie. Une tape sur l'épaule ou un câlin valent tous les discours pour soulager vos proches endeuillés.

Communication devant des groupes

Commandant malgré moi

Lors d'une de mes premières gardes à l'urgence de Rouyn-Noranda, j'ai reçu un appel du directeur de la sécurité publique : «Dre Audet, une explosion vient de se produire dans la salle d'attente de l'aéroport. Selon le protocole, vous devez initier et diriger le code rouge tout en maintenant les services à l'urgence. Le nombre de blessés graves est estimé à douze. Plus de quarante personnes souffrent de traumatismes mineurs ou de chocs nerveux. Les ambulanciers, les pompiers et les policiers se dirigent vers l'hôpital».

Après l'avoir assuré de ma collaboration, j'ai déposé le combiné. Ma fréquence cardiaque, la moiteur de mes mains et la vitesse de mes pensées avaient une cause commune. Je paniquais! Pourtant, je venais de suivre les cours d'intervention en situation de crise et j'avais étudié tous les protocoles à suivre, tout en souhaitant ne jamais vivre une telle expérience.

Je me demandais si mes trois mois d'expérience suffiraient pour prendre les bonnes décisions et gérer autant de personnels tous meilleurs que moi. Ma petite voix intérieure me criait dans les oreilles : «Si tu te trompes, tout le monde va penser que tu es un mauvais médecin.» L'infirmière-chef m'a demandé : «Docteure, puis-je être utile?» J'ai répondu : «Déclenchez le code rouge. Tous les médecins, les infirmières et les directeurs viendront nous aider. Si un cas grave arrive, installez-le dans la salle de réanimation et venez me prévenir.»

Sans attendre sa réaction, j'ai couru en direction du hall d'entrée pour organiser le triage. J'entendais l'appel général : « Code rouge à l'urgence ! Code rouge à l'urgence ! Code rouge à l'urgence ! »

En moins de trois minutes, les préposés alignèrent des civières. Le personnel attendait mes directives. Quand j'ai vu le docteur Bureau, le doyen de l'hôpital, monter en courant les escaliers de l'entrée principale, j'ai pensé lui proposer de prendre ma place. Ce dernier mit un terme à mon plan en me demandant : « Que dois-je faire ? ». Sans hésiter, je lui ai ordonné. « Triez les patients au centre du hall d'entrée. Le corridor de droite servira de morgue temporaire. Vous utiliserez celui de gauche pour traiter les blessés mineurs. Les victimes de blessures graves iront directement au bloc opératoire. »

Pendant ce temps, mes collègues chirurgiens et anesthésistes se dirigèrent vers moi. J'ai pointé mon doigt vers le deuxième étage : « Montez préparer les salles d'opération. Les premiers blessés sont sur le point d'arriver. » Puis, je me suis adressée aux gestionnaires : « Préparez une salle réservée aux médias. Ouvrez l'auditorium aux familles. Commandez du café et de la nourriture. »

Au même moment, l'infirmière-chef de l'urgence s'est faufilée jusqu'à moi : « Vite docteure, un cardiaque vient d'arriver à l'urgence. Je crains un infarctus. Je l'ai installé dans la salle de réanimation. » Malgré mes craintes, je devais déléguer, et vite. J'ai sommé mon collègue : « Docteur Richard ! Allez tout de suite en salle de réanimation. C'est une urgence. » À mon grand étonnement, ce médecin aux cheveux gris s'exécuta.

71

Les sirènes de plusieurs ambulances me ramenèrent à la réalité. Les brancards défilaient au triage improvisé. Une douzaine de blessés, pour la plupart des jeunes, criaient, pleuraient, d'autres hurlaient à fendre l'âme. Je peinais à me concentrer dans ce chaos. Deux garçons souffraient de fractures ouvertes aux jambes. Leurs couvertures écarlates témoignaient de la gravité des pertes sanguines. Un autre tenait sa main en lambeau couverte d'un pansement imbibé de sang. Trois blessés inconscients respiraient avec peine. Comme prévu, le docteur Bureau les dirigea au bloc opératoire.

Profitant de l'accalmie temporaire, un journaliste, un photographe et un caméraman se sont placés devant moi. Le journaliste m'a posé des questions en rafale : «Docteure, combien comptez-vous de blessés et de morts? Est-ce une bombe qui a causé l'explosion? Qui revendique cet attentat terroriste?» Je voyais uniquement son gros microphone devant mon visage. Mon cœur se foutait de moi. Mes jambes pliaient sous la pression. Entre deux souffles, j'ai répondu : « Notre équipe médicale et la sécurité publique maîtrisent la situation. Pour le moment, je compte une douzaine de blessés. Il n'y a pas de décès. Vous comprendrez que je ne peux pas dévoiler l'identité des victimes avant d'avoir avisé les proches. Je reviendrai vous donner un compte rendu dans deux heures. » Sur ces mots, le journaliste est reparti avec son équipe. Ils interrogèrent les blessés amenés par l'autobus de la Croix Rouge.

Ce répit ne dura qu'un instant. Des hommes, des femmes et des enfants se bousculaient en criant dans les escaliers. Ils couraient dans tous les sens. Avisés par les médias, tous ces gens arrivaient pour obtenir des nouvelles de leurs proches. Dans le manuel de procédures, j'avais lu que le directeur de l'hôpital, les travailleurs sociaux et les psychologues devaient attendre les familles à l'auditorium. Aucune consigne n'expliquait la conduite à tenir devant une centaine de personnes hystériques. Je devais encore improviser. Les gens me prenaient la main. Ils me suppliaient : « Xavier Couture est-il blessé ? Où est Marc Lavoie ? Mon fils s'appelle David. Je veux le voir tout de suite ! » Les travailleurs sociaux et les psychologues escortaient les familles jusqu'à l'auditorium.

Ma voisine est arrivée en courant. Elle m'a pris les épaules en pleurant « Où est Sébastien ? » Je n'arrivais pas à trouver les mots pour lui dire que son fils était en salle d'opération. Je me demandais comment la rassurer sans créer de faux espoirs. En silence, j'ai posé mes mains sur les siennes. Nos regards se sont croisés. Pleurer avec elle n'était pas une option. J'arrivais à peine à me croire : « Ne t'en fais pas, tout va bien aller. Nous maîtrisons la situation. »

Le journaliste revint m'interroger : « Docteure, comment évolue la situation ? » Le directeur de la santé publique prit son microphone et annonça : « La simulation de code rouge est terminée. Je vous remercie de votre participation. Demain, nous évaluerons en détail l'application du protocole. »

Sur ces mots, les acteurs, tous cadets de l'armée, enlevèrent leurs bandages, sautèrent en bas de leur civière. Ceux qui jouaient le rôle des parents désespérés cessèrent de crier et de pleurer. Le photographe capta les scènes. Le journaliste interrogea les jeunes. Un adolescent maquillé lui dit qu'il avait trouvé son samedi soir « Super cool ! ».

L'infirmière-chef de l'urgence revint me chercher : «Docteure venez vite, le vrai patient en réanimation ne va pas bien. Sa douleur augmente. Le docteur Richard a dû quitter la salle de réanimation pour se rendre en salle d'accouchement.»

En courant vers l'urgence, je n'arrivais pas à me convaincre que je vivais une fiction. Pour moi, l'enjeu de l'exercice était bien réel. Je passais un vrai test. Le rapport contiendrait une analyse détaillée de mes décisions. Je paniquais à l'idée de ne pas avoir été à la hauteur si tôt dans ma carrière.

Le lendemain, le directeur de la santé publique m'a appelée en me demandant d'un air intrigué : «Docteure, comment avez-vous fait pour demeurer aussi calme ? Vous avez été fantastique.» Je répondis en gardant mes mains humides dans mes poches : «J'ai simplement appliqué le protocole.»

Heureusement, je n'ai vécu qu'une seule expérience de méga communication au cœur d'une gestion de crise. Si ce genre de situation vous arrive, déléguez des tâches, gardez votre calme, gérez vos émotions et communiquez avec les autorités compétentes et tous les acteurs de la crise. Mais croyez-moi, rien ne peut vous préparer à ce genre de situation imprévue, même une excellente simulation.

Pouvoir de la communication

En juin 2018, mon agente littéraire, Danielle Hampson, qui habite en Arizona, m'a demandé si j'accepterais de prononcer le discours d'ouverture du 10e Symposium de l'Académie pour le futur des femmes à l'Université de Sias en Chine. Sans hésiter, j'ai accepté ce défi de parler devant près de cinq mille congressistes dans un pays étranger.

Avant d'aller plus loin, permettez-moi de situer le contexte de cette demande.

L'Université moderne de Sias en Chine a été créée en 1998. C'est la seule Université américaine au centre de la Chine. L'Université Fort Hays du Kansas supporte cette institution fréquentée par près de 30 000 étudiants. Les étudiants peuvent y apprendre l'anglais et reçoivent un diplôme américain et chinois.

Il y a dix ans, Jerrie Ueberle a créé l'Académie pour le futur des femmes à partir de Phoenix en Arizona. Cette Académie qui accueille une centaine d'étudiants de l'Université Sias organise annuellement depuis 10 ans un Symposium de leadership sur le thème de l'avenir des femmes.

Mon agente travaille depuis plusieurs années avec Mme Ueberle. Un de ses mandats est d'organiser le congrès annuel. Elle devait trouver deux conférenciers de pointe et des animateurs d'ateliers pour le 10e Symposium pour le futur des femmes. D'où mon invitation pour prononcer un discours d'ouverture et pour animer un atelier.

J'avais choisi le thème du *Pouvoir de l'écoute* que j'ai ensuite étendu au pouvoir de la communication de cœur à cœur.

J'étais très enthousiaste de me rendre en Chine. J'avais même appris le chinois pendant près de six mois pour pouvoir communiquer avec les étudiants.

Malheureusement, quelques mois plus tard, les liens commerciaux entre les Chinois, les Américains et les Canadiens se sont détériorés et j'ai dû annuler mon voyage. J'ai choisi de voir dans cet obstacle une opportunité de publier mon discours à l'intérieur du livre sur le pouvoir et la magie de l'écoute empathique que vous lisez présentement.

Discours

Comme la plupart d'entre vous, lorsque des obstacles se dressaient dans la poursuite de mes rêves, je pensais tout abandonner. Je rêvais de devenir une auteure publiée. Il y a quelques années déjà, malgré de bonnes ventes, de nombreux prix littéraires internationaux, je collectionnais les erreurs, les échecs et les refus. Je pensais tout laisser tomber.

Puis, un jour, j'ai eu la chance de rencontrer Danielle Hampson qui a pris le temps de m'écouter. À ma grande surprise, elle voulait tout savoir du médecin de famille qui écrivait des livres éducatifs pour les enfants. J'ai tout de suite senti son désir sincère de m'écouter, de m'aider et de me guider. Je me sentais bien et je voulais lui parler de moi en toute sincérité.

Je lui ai confié qu'après avoir lu un livre écrit par un médecin et écrivain, j'avais décidé de suivre son parcours, sans me douter à quel point ces deux métiers étaient difficiles.

Après m'avoir écoutée, Danielle s'est offerte pour devenir mon agente pour la promotion de la série de mes albums éducatifs, Félix et Boubou. Elle était convaincue du potentiel de la série. Sa confiance et son écoute empathique m'ont aidée à reprendre confiance et à refuser de baisser les bras. Ainsi, j'ai repris le contrôle de ma passion, de ma confiance et j'étais prête à continuer.

Aujourd'hui, j'ai encore et toujours plus que jamais l'intention de consacrer ma vie à changer le monde, un jeune lecteur à la fois. Pouvez-vous imaginer ? Sans mon amie et agente Danielle, mes livres invendus auraient été brûlés par la maison d'édition, qui avait décidé de cesser la distribution de mes livres.

Je voulais commencer mon discours avec cette histoire pour illustrer le pouvoir de la communication de cœur à cœur, qui est souvent initiée par un leader à l'écoute empathique. Sans cette écoute, mon œuvre serait tombée en désuétude et je ne serais pas ici devant vous ce matin. Une seule conversation m'a permis de reprendre le contrôle de la poursuite de mon rêve. Quel impact ! Pour ne pas dire quelle magie !

Je vais vous raconter deux autres histoires illustrant le pouvoir de l'écoute empathique, que j'ai vécues au cours de ma carrière de médecin et de professeur.

PREMIÈRE HISTOIRE : **Les larmes d'Amy**

Le jour de ma première garde à l'hôpital, en tant que jeune externe, j'ai été appelée vers minuit au chevet de la petite

Amy, qui pleurait sans arrêt. Amy devait se faire enlever un œil, suite à un traumatisme sévère.

Les chirurgiens devaient rapidement enlever l'œil traumatisé, pour éviter que ses propres anticorps n'attaquent ses deux yeux, ce qui la rendrait aveugle. L'opération était prévue pour le lendemain matin.

Devant sa détresse, j'ignorais quoi faire. J'étais seulement une étudiante en médecine. Je venais d'apprendre par cœur des tonnes de volumes médicaux, mais personne ne m'avait montré comment consoler une petite fille triste et effrayée.

Elle répondit non à mes trois questions médicales. Elle savait qu'elle serait endormie. Elle comprenait qu'elle aurait une prothèse. Elle savait qu'elle ne deviendrait pas aveugle.

Après ces questions fermées, j'ai changé de stratégie, en posant une question ouverte : Amy, dis-moi pourquoi pleures-tu ? Cette question ouverte m'a permis de percer le secret d'Amy.

J'étais en état de choc quand elle m'a répondu entre deux sanglots, qu'elle voulait profiter de la dernière fois où elle pourrait pleurer. Elle pensait qu'après la chirurgie, elle ne pourrait plus pleurer.

Pour la consoler, j'ai dessiné sur un papier un sac à larmes, sous son œil, en lui expliquant que le chirurgien ne l'enlèverait pas. Après lui avoir promis qu'elle pourrait à nouveau pleurer pour le reste de ses jours, elle me sourit et plongea, apaisée, dans un profond sommeil.

Je n'ai jamais oublié ce premier contact avec une personne malade. Plusieurs années plus tard, devenue enseignante en médecine, j'ai raconté cette histoire à mes étudiants pour leur démontrer l'importance de l'écoute empathique dans les soins de leurs patients. Cette compétence est un élément essentiel du coffre à outils de tous les médecins, de toutes les infirmières et de tous les leaders dans le cadre de leur pratique.

DEUXIÈME HISTOIRE : **Le succès de Judy**

Quand j'ai connu Judy, elle achevait sa résidence en médecine de famille. Moins de six mois plus tard, elle serait un médecin de famille. Malheureusement, tous les professeurs s'entendaient pour conclure qu'un échec était imminent, à moins d'un miracle.

Ce mois-là, j'avais la responsabilité d'évaluer ses habiletés à questionner un malade en l'observant derrière un miroir dissimulé. La première fois que j'ai vu Judy interroger un malade, j'ai compris son problème. Elle ne savait pas écouter ! Judy posait des questions sans arrêt. Elle n'attendait pas les réponses avant de poursuivre. Elle semblait avoir peur du silence !

Le lendemain, je l'ai convoquée à mon bureau, une heure avant l'ouverture de la clinique. Autour d'un café, je lui ai demandé de me raconter son plus beau souvenir d'enfance. J'attendis sa réponse en silence pendant qu'elle pensait.

En disant qu'elle aimait aller à la pêche avec son père sur un beau lac, elle sourit. Je lui ai demandé de fermer les yeux et de retourner en pensées dans la chaloupe avec son père.

Après une deuxième courte pause, je lui ai demandé si elle ramait, si elle entendait du bruit ou si elle bougeait dans la chaloupe. Elle répondit non à toutes mes questions, car, pour attraper des poissons, il fallait rester tranquille et en silence.

Ensuite, je lui ai expliqué que la médecine, c'était comme aller à la pêche. Que si le médecin demeurait silencieux après chaque question ouverte, il risquait d'attraper un poisson, ou de découvrir les secrets de son patient. Chacune de nos questions avait le pouvoir d'attraper un poisson ou de découvrir le secret du patient, si le médecin se taisait après chaque question ouverte.

Le silence avait le pouvoir de permettre au patient de construire sa réponse. Plus le silence durait, plus le patient se sentait en confiance pour livrer ses secrets.

J'ai dit à Judy de méditer pendant cinq secondes avant de voir le prochain patient en se concentrant sur les besoins du patient. Elle utilisa cette simple technique : cinq secondes de silence après une question pour comprendre un patient.

Ce jour-là, j'ai pu observer une excellente performance de mon étudiante. Grâce aux questions ouvertes et aux pauses, elle put faire le bon diagnostic et négocier un plan de traitement avec son patient. Elle était fière d'elle-même.

Six mois plus tard, Judy est venue me voir. Elle me raconta qu'avant les examens finaux, elle a fermé les yeux. Elle est retournée dans la chaloupe de son père pour pêcher. Ces quelques minutes de méditation l'ont calmée et lui ont permis de réussir l'examen avec haute distinction.

Judy est devenue un médecin et un leader à l'écoute de ses patients. Elle a réalisé que le silence encourage une écoute empathique.

Vous voulez devenir de bons leaders ? Apprenez à vaincre votre peur du silence. Le silence est le meilleur ami de l'écoute active. Ces trois histoires illustrent, chacune à leur manière, le pouvoir et la magie de l'écoute empathique et de son meilleur allié ; le silence.

Vous vous demandez peut-être quel est le meilleur moment pour pratiquer l'écoute empathique. La réponse est simple. Partout et en tout temps !

Les leaders ont la responsabilité de reconnaître ces moments, et de saisir l'opportunité d'écouter un individu dans le besoin, même un ennemi. Si vous voulez faire une différence dans votre domaine d'expertise, saisissez toutes les occasions pour exercer votre pouvoir d'influence.

Vous êtes ici pour devenir les leaders de demain. Comme mes jeunes étudiants en médecine, vous voulez tous et toutes changer le monde. J'admire votre motivation à vous engager à réaliser au moins un des dix-sept objectifs du développement durable de l'organisation des Nations unies.

Ce ne sera pas facile. Il vous faudra une bonne dose de persévérance, de patience et de passion. Il y aura plusieurs obstacles ! Je vous le garantie ! Mais ne lâchez pas !

En tant que médecin et leader, j'ai choisi un de ces objectifs. Je rêve de faire aimer la lecture aux enfants et de contribuer à améliorer leur niveau de littératie. J'avais l'habitude de donner un livre à tous les enfants qui fréquentaient le centre de pédiatrie sociale où j'ai travaillé.

Aujourd'hui, j'écris des histoires pour développer le langage, la lecture et la pensée critique des tout-petits. Je sais que l'enfant à qui on lit, ou qui lit une histoire, se construit un système de valeur, développe son imaginaire et sa capacité à résoudre des problèmes. C'est son premier pas vers la liberté de penser.

Il m'importe d'insister sur une leçon très importante de ma première histoire. En tant que leader de demain, faites-vous la promesse de résister à la tentation de vous isoler en période de vulnérabilité. Il y a toujours un ami prêt à vous écouter.

Entourez-vous de mentors à l'écoute de vos problèmes et de vos besoins et parlez avec votre cœur! Les femmes et les hommes d'honneur se nourrissent de leurs relations avec des mentors compétents qui les aident à rebondir après les échecs.

Chers futurs leaders de demain, vous connaissez maintenant deux des clés gratuites de votre succès; écoutez pour comprendre et... parlez pour être compris. Le secret réside dans une véritable communication de cœur à cœur.

Gardez en mémoire que le temps consacré à l'écoute de vos amis, de vos ennemis, ou de vos enfants, sera plus efficace que les mots que vous leur direz. N'oubliez pas non plus qu'il sera tout à votre honneur de vous confier à un mentor d'expérience, au besoin.

En terminant, rappelez-vous le dicton de Zeno de Citium, un philosophe grec : «Vous avez deux oreilles et une bouche, alors écoutez deux fois plus souvent que vous ne parlez». Pour y arriver, avant une conversation plus complexe, faites le vide dans votre tête pendant cinq secondes et concentrez-vous sur votre tâche d'écoute empathique.

Posez des questions ouvertes dans le but de comprendre l'émotion de votre interlocuteur, sans juger ni conseiller. Laissez le silence faire son œuvre et attendez les résultats. Préparez-vous à recevoir bien des confidences et à exercer votre leadership comme je l'ai fait en tant que médecin et professeur de médecine dans mon pays au Canada.

Merci de votre écoute et bonne chance dans votre vie de leader!

Prenez du temps pour vous.
Tenez un journal.
C'est un excellent outil
thérapeutique.

Conclusion

J'ai réalisé en écrivant ce livre que les plus beaux moments de ma vie ou de ma carrière furent ceux où j'ai communiqué avec authenticité avec les gens de mon entourage. Ces beaux échanges ont atteint des niveaux de profondeur que seule l'empathie peut permettre. Ce fut véritablement des instants magiques dans ma vie.

Comme je le disais au début de ce livre, j'ai été envoutée par la technologie qui a envahi nos vies, au point de m'isoler. La technologie a bouleversé ma vie comme celles de tout le monde. Elle fut et doit demeurer un excellent serviteur, mais je dois lutter pour ne pas laisser les nouvelles technologies me dominer.

Si je devais résumer mon livre en une seule phrase, voici ce que j'écrirais :

LA COMMUNICATION EMPATHIQUE EXIGE CERTES DES EFFORTS DE PRÉPARATION, DE CONCENTRATION ET D'OUVERTURE VERS L'AUTRE, MAIS ELLE RAPPORTE AU-DELÀ DE TOUTE ESPÉRANCE À CEUX QUI LA PRATIQUENT ET LA MAÎTRISENT.

Vos actions

Dans les pages qui suivent, je vous invite à tenir un journal des communications empathiques avec vos enfants, votre patron, vos collègues ou partenaires d'affaires. Les occasions de pratiquer sont multiples. Plus vous pratiquerez, plus vous vous améliorerez.

Soyez le plus précis possible. N'hésitez pas à relire ces pages sur une base régulière. Vous serez étonné de votre progression.

Allez-y pas à pas.

Percevez les émotions.

Au cours des prochains jours, tentez simplement de percevoir les émotions de vos interlocuteurs. Prenez le temps de noter ces émotions. Percevoir les émotions est la première compétence à acquérir.

> Ex. : Mon adolescent crie après moi. Il donne des coups de poing sur la table et se réfugie dans sa chambre en claquant la porte. Votre patron semble préoccupé. Il parle peu, se retire dans son bureau. Il tient la tête dans ses mains. Il se montre surpris.

Les émotions : _____

_____

_____

_____

_____

_____

_____

_____

Interpréter le langage non verbal

Une fois que vous serez plus habile à détecter les émotions, tentez d'interpréter le langage non verbal de vos interlocuteurs. Notez ces émotions et les signes verbaux et non verbaux. Je le répète, percevoir les émotions est la première compétence à acquérir. Prenez le temps de noter vos observations.

87

Le langage non verbal : _____

_____

_____

_____

_____

_____

_____

Vos dialogues empathiques

Une fois que serez plus habile à percevoir les émotions et le langage non-verbaux, pratiquez-vous à amorcer des dialogues empathiques. Notez vos expériences, analysez-les pour vous améliorer.

Les dialogues empathiques :

_____

_____

_____

_____

_____

Quels sont les obstacles que vous avez rencontrés :

Les difficultés :

_____

_____

_____

_____

_____

Notez comment vos nouvelles compétences améliorent la qualité de vos communications :

L'impact de vos nouvelles compétences :

_____

_____

_____

_____

_____

_____

_____

89

_____

_____

_____

_____

_____

_____

_____

Bibliographie et références

Voici une liste des livres qui m'ont aidée à parfaire mes compétences de communicatrice. Ces livres ont été édités et réédités par plusieurs maisons d'édition. Ils existent en version papier, numérique et pour certains d'entre eux en livre audio.

Dale Carnegie

* *Comment se faire des amis et influencer les autres.*

Ce livre classique sur la communication et les relations interpersonnelles mérite d'être lu et relu. Truffé d'exemples simples et bien choisis, il devrait influencer votre vie.

Du même auteur, *Dominez le stress et les soucis.*

Il existe des cours de communication et de leadership parrainés par l'organisation internationale Dale Carnegie. En général, le cours de base dure 45 heures à raison de trois heures par semaine.

Stephen Covey

* *Les 7 habitudes de ceux qui réalisent tout ce qu'ils entreprennent*
* *Les 7 habitudes en action*
* *Priorité aux priorités*

Il existe plusieurs versions de ces classiques de la communication et du leadership.

Le premier livre présente un cadre théorique des 7 habitudes des gens efficaces. Le deuxième est une série d'histoires où chacune des habitudes est mise en action. L'auteur analyse chaque situation. Personnellement, j'ai trouvé ces livres très inspirants.

Michael Balint

• *Le médecin, son malade et la maladie*

Ce livre magnifique illustre très bien tous les concepts de communication empathique que je présente dans ce livre, mais dans un contexte médical.

Thomas d'Asembourg

• *Cessez d'être gentil, soyez vrai*

Ce livre aide les lecteurs à reconnaître la tendance à ignorer ses besoins et à reporter notre violence sur les autres en créant un cercle vicieux d'incompréhension. Le lecteur y apprendra à reconnaître ses besoins, à les aimer et à les mettre au service d'une communication authentique et enrichissante.

À mettre entre toutes les mains !

Isabelle Nazare-Aga

• *Les manipulateurs sont parmi nous*

Le propos de mon livre n'est pas d'apprendre à communiquer avec des gens malintentionnés. Toutefois, il importe de les reconnaître et d'agir en conséquence pour se protéger. Ce livre vous aidera à atteindre cet objectif.

Colette Portelance

- *La communication authentique. Approfondissez vos relations intimes.*

Dans son livre, l'auteure invite le lecteur à ouvrir en douceur les portes de l'intimité entre les personnes qui se tiennent à cœur. Le lecteur découvrira les niveaux de communication, les obstacles et les facilitateurs qui enrichissent la communication authentique. Vous aimerez certainement les autres livres de cette auteure prolifique qui se spécialise en relation d'aide.

John Gray

- *Les hommes viennent de Mars et les femmes viennent de Vénus*

J'ai tellement ri en lisant ce livre qui décrit les différences entre les hommes et les femmes. Deux des enseignements les plus importants de l'auteur sont que les hommes cherchent à résoudre des problèmes et les femmes cherchent une oreille attentive. Évidemment, il y a des nuances, mais connaître ces différences aide à bien préparer la communication à l'intérieur d'un couple.

Journal de mes communications empathiques

_____

_____

_____

_____

_____

_____

_____

_____

_____

_____

_____

_____

_____

_____

_____

94

Conférences disponibles

Au cours des années, j'ai acquis une formation en communication et leadership auprès des organisations internationales *Toastmaster* et *Dale Carnegie*.

J'offre des conférences aux parents, aux professeurs, aux professionnels de la santé, aux auteurs et aux gestionnaires.

Voici des exemples de thèmes de mes conférences :
- Le marché international du livre ;
- L'autoédition, le pour et le contre ;
- Le développement des enfants de 9 mois à 9 ans ;
- L'art de parler en public ;
- Conception d'une présentation PowerPoint ;
- La communication empathique.

Je peux organiser une formation personnalisée pour vos besoins ou vous offrir des copies personnalisées de ce livre, ou sa version anglaise, en y apposant votre logo et une page signée par la direction de votre entreprise.

Je suis également disponible pour des séances de signatures.

- Contact : nicole@nicoleaudet.com
- Sites Internet : NicoleAudet.com et DrNicoleBook.com
- Sites d'achat de mes livres numériques : Amazon, Apple Store et Payhip.com/drnicole

www.ingramcontent.com/pod-product-compliance
Lightning Source LLC
LaVergne TN
LVHW051812080426
835513LV00017B/1921